CHACUN FAIT LE MESTIER D'AUTRUY.
BALLET
DANSÉ A BERNY POUR LE DIVERTISSEMENT DE LA REYNE.
Le 18. jour de May 1659.

A PARIS,
Par ROBERT BALLARD, seul Imprimeur
du Roy pour la Musique.

M. DC. LIX.
Auec Priuilege du Roy.

Chacun fait le Meftier d'autruy.
BALLET
DANSE' A BERNY
pour le diuertiffement
DE LA REYNE.

LE fujet du Ballet eft fuffifamment expliqué par le Prologue que fera Flore fuiuie d'vne trouppe de Bergers.

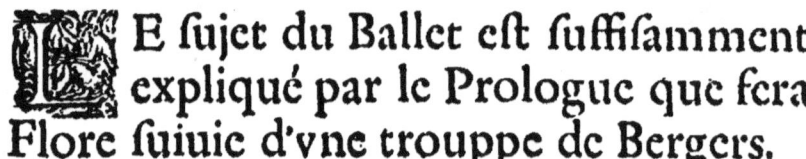

PROLOGVE.
FLORE. TROVPPE DE BERGERS.
Flore.

BErgers ce qui donne à ces lieux
L'efclat nouueau qui paroift à vos yeux,

A ij

Ce qui rameine icy la Paix & l'allegreſſe,
Ce ſont les regards precieux
De voſtre adorable Princeſſe,
Et ce ſont eux auſſi qui donnent à mes fleurs
De ſi viues couleurs.
Les Bergers.
Flore, il eſt vray ce qui rend nos boccages,
Nos Monts, nos valons, nos ruiſſeaux,
Nos paſturages,
Et nos trouppeaux
Aujourd'hny ſi beaux,
C'eſt la douce influence
De ces beaux yeux qui ſont les beaux jours de la
France.
Flore.
Pour reſpondre à des biens ſi doux
Faites pour cette Reyne vne celebre Feſte.
Les Bergers.
Pour la bien receuoir, Flore, que ferons-nous?
Flore.
Qu'à danſer vn Ballet voſtre trouppe s'appreſte,
Meſlez-y des Concerts de Voix & d'Inſtruments,
Peut-eſtre elle aymera ces diuertiſſements.
Les Bergers.
Danſer deſſus l'herbette
Le ſoir & le matin,
Au ſon de la Muſette
Auec Liʒe & Catin, *Et*

Et faire pour elles
Chacun à son tour,
Des Chansons nouuelles
Qui parlent d'amour,
C'est ce que nous sçauons nous & nos Camarades;
Mais donner des Concerts, danser des Mascarades,
Flore, c'est le Mestier des Galands de la Cour.

Flore.

Que de les imiter vostre trouppe se pique,
Tel est l'vsage d'aujourd'huy,
Chacun fait le Mestier d'autruy.

Les Bergers.

Changeons donc en Ballet nostre danse rustique,

Flore.

Mesmes pour preuenir l'importune Critique,
Faites que ce Ballet explique
Comme chacun veut aujourd'huy
Se mesler du Mestier d'autruy.

Flore, & les Bergers ensemble.

Mesmes pour preuenir l'importune Critique,
Faisons que ce Ballet explique
Comme chacun veut aujourd'huy
Se mesler du Mestier d'autruy.

Premiere Entre'e.

TRois Suisses allarmez de la nouuelle de la Paix & de la gelée des Vignes, craignans de n'auoir plus d'employ ny à la guerre ny dans le Cabaret, se reduisent de bonne heure au Mestier de Porteurs-d'eau.

Vous trouuerez sans doute estrange
Que ces Suisses friands du jus de la vendange
Portent de ces deux seaux l'incommode fardeau;
   Mais ce que vous en deuez croire,
   C'est qu'ils ne vous portent de l'eau
   Que pour auoir du vin à boire.

II. Entre'e.

VNe trouppe de Gueux ne se souuenant plus de la misere de leur condition, font le Mestier de gens aisez en se regalant entre eux d'vn magnifique repas.

Les Gvevx.

DIuins chef-d'œuures de beauté,
Ce qui nous fait en nostre pauureté
Auec tant de plaisir gouster la bonne chere,
   C'est d'estre sans bien, sans affaire,
   S'ans amour, & sans vanité;

Et tel riche nous plaint qui malgré sa richesse,
Plaint par nous mesme, & de vous mal-traité,
A plus besoin de vostre charité
Que nous n'auons de sa largesse.

III. ENTRÉE.

Vne Harangere faisant le Mestier de Docteur, donne à six de ses Compagnes des leçons de Politique & de Moralle.

On rit de voir ses Harangeres
Se mesler d'vn Mestier qui ne leur coûtent gueres;
Mais, il en est par tout qui n'ayant de talent
Que pour le caque & la boutique,
Ozent pretendre à l'air galand,
Et se mesler de Politique?

IV. ENTRÉE.

Six Ramonneurs, au lieu de se tenir à l'employ que leur nom semble leur prescrire, meslent au Mestier de Ramonner des Cheminées, celuy de Marchands.

LES DANSEVRS REPRESENTANS
les Ramonneurs.

C'Est pour l'amour de vo͡9, ô charmātes beautez!
Que nos faces sont bazannées,
Et le feu qui nous a gastez,
N'est pas celuy des cheminées.

RECIT.

La Jalousie s'accuse elle mesme de faire aussi un autre Mestier que le sien, & chante les Vers Italiens qui suiuent.

PEr vie più penare
   Soglio far' anch' io
Vn Mestier non mio,
Ch' è l'indouinare
Maledetto
Sia il sospetto
Che me l'insegnò,
Del non saper' ah magior ben non hò.

Ciò che m'appartiene
E sol di temère
E non diuolère,
Gir cercando pene
Mal' ignoto,
è colpo à vuoto,
Che per l'aria andò,
Del non saper' ah magior ben non hò.

Version de l'Italien.

LA IALOVSIE.

IE tombe comme vn autre en ce vice ordinaire,
 Et pour augmenter mon soucy,
 Moy-mesme je me mesle aussi
 D'vn Mestier dont je n'ay que faire,
 Ce Mestier est de deuiner :
Maudit soit le soupçon qui m'en a sceu donner
 La malheureuse intelligence,
Car il n'est rien pour moy si doux que l'ignorance.

 L'employ qui deuroit m'attacher
 Est de craindre & non de chercher
 L'ennuy dont mon humeur s'irrite ;
 Les maux que je ne sçaurois voir
 Sont autant de coups que j'éuite :
Le plus grand de mes biens est de ne rien sçauoir.

V. Entrée.

Quatre Docteurs lassez des disputes de l'Escolle, abandonnent l'estude pour prendre le Mestier des armes.

Aux Dames.

Sçachant que la Valleur touche vos belles ames,
Ces Docteurs qui d'amour sentent les douces
    flames,
Pour vous en Cheualiers se viennent de changer;
   Mais quoy qu'ébloüis par vos charmes
Ils se sçauent encor assez bien mesnager,
   Et n'ont pris le Mestier des armes
Qu'au moment que la Paix les met hors de danger.

VI. Entrée.

Quatre Boiteux veulent apprendre le Mestier de la danse, & choisissent pour cela des Maistres aussi peu capables de l'enseigner qu'ils le sont de l'apprendre.

Vous qui sur tous les cœurs à vos traits ex-
    posez
Vsurpez sans effort vn pouuoir necessaire,
   Ces Boiteux à qui vous plaisez
   Ont aussi dessein de vous plaire:

Par leur mauuaise danse ils vous veulent char-
mer,
On rit de ce projet que l'Amour leur inspire;
Mais mil autres comme eux voulans se faire ay-
mer
Ne paruiennent qu'à faire rire.

VII. ENTRE'E.

Qvatre Eunuques font la Cour à quatre Sultannes qu'ils ont à leur garde.

AVX SVLTANNES.

DEffiez-vous, quand vous vous exposez,
    A ces Eunuques suposez,
Qu'en Galands effectifs pour vous ils ne se chan-
    gent:
Se fier, en amour, c'est se bien hazarder,
    On void bien des Bergers qui mangent
    Les brebis qu'ils ont à garder.

Le Ballet finit par vn Dialogue Italien, où la Fortune & l'Amour, apres s'estre plaints des entreprises que chacun d'eux fait sur le Mestier de son compagnon, esperent de trouuer enfin leur Paix dans cette heureuse Alliance, qui la va donner à toute l'Europe.

A L'Amovr.

A L'AMOVR.

ENtre tant de Mestiers diuers
Qu'on exerce dans l'Vniuers,
Celuy dont tu nous sollicites
Est le plus general comme il est le plus doux,
Les autres ont chacun leurs gens, & leurs limites;
Mais le Mestier d'aymer est le Mestier de tous.

A LA FORTVNE.

QVi dans diuers Mestiers s'engage
Est d'ordinaire soupçonné
D'estre d'humeur inquiette & volage,
Mais ce soupçon doit estre condamné:
Car par tant de Mestiers qui sont sous ton empire
Il n'en est qu'vn tout seul où tout le monde aspire,
C'est le Mestier de Fortuné.

D

AMORE. FORTVNA.

Am. e Fort. Lascia hormai l'altrui mestiere.
parlando l'vn' A chi dunque? Io parlo à tè.
all' altro. Far penàre, e far' godère,
    Tocca à mè; nò tocca à mè.

Amore. Tù con arte à tè mal nota
    Vibrerai le mie quadrelle?

Fortuna. Girerai tù la mia Rota
    Darrai legge alle mie stelle?

Tutt' e due. Ah più nò
    Nol soffrirò.

Amore. Cieca Diua.

Fortuna. Cieco Nume.

Tutt'e due. Chi giostrar meco presume?

Amore. Sol puoi tù
    Dal Cielo in giù;
    Ma il mio stral passa ogni segno.

L'AMOVR.   LA FORTVNE.
Tous deux ensemble.

Se parlans pourtant l'vn à l'autre, & se disant & se respondant les mesmes choses en mesme temps.

Esse, cesse, enfin aujourd'huy
De faire le Mestier d'autruy.
Qui moy?   Oüy, c'est à toy que mon discours s'adresse,
Dispenser à mon gré la joye & la tristesse
N'est-ce pas mon employ?
Il n'appartient qu'à moy.

L'Amour.
Quoy donc de ta main mal-instruite
Mes doux traits seront descochez?

La Fortune.
Quoy? des Astres puissans à ma sphere attachez
Ie te laisseray la conduite?

Tous deux ensemble, *se parlans l'vn à l'autre.*
Non, non, je sçauray l'empescher.

L'Amour.
Deesse aueugle,

La Fortune.
Aueugle Archer.

Tous deux ensemble, *se parlans l'vn à l'autre.*
Qui voudroit auec moy contester de puissance?

L'Amour.
Les Mortels viuent seuls sous ton obéïssance,
Au lieu que mon pouuoir s'esleuant jusqu'aux Cieux,
Soubmet esgalement les hommes & les Dieux.

Fortuna. Basta à mè che nel tuo Regno
Delle gioie Tesoriera
Dispensiera
Formo sola, è gouerno
D'Amor' il Paradiso, è tù l'Inferno.

Amore. Basta à mè che le mie pene
Vaglion più d'ogni tuo bene.

Fortuna. Ah che pur troppo è vero,
Che vale il giogo tuo più d'ogni impero;
Onde sè teco à parte
Souente non fossi io de tuoi tesori
Sol Dea farei di mal contenti honori;
E se di ciò ch' offende
Li suenturati amanti
Io non traessi in simil guisa anchora
Soura di me la colpa
Nume di tè più odiato in Ciel non fora.

Amore. E s'io non disponessi
Tal' hor de tuoi fauori
Che scusa haurian già mai tuoi tanti errori?

La For-

La Fortune.

Mais c'est assez pour moy que dans ton propre empire
L'Amant le plus soubmis à ma faueur aspire,
Et t'ayant imputé sa peine & son tourment,
Pense tenir de moy tout son contentement.

L'Amour.

Mais au plus fort de son martyre
Ce mesme Amant qui se plaint & soupire,
Confesse que les maux qu'on endure pour moy
Valent mieux que les biens qui dependent de soy.

La Fortune.

Amour, il est trop veritable
Qu'aux Sceptres tous puissans ton joug est preferable,
Et que si parmy tous mes biens
Ie ne meslois vn peu des tiens
Ma faueur ne seroit qu'vn chagrin honnorable :
Mais si de tant d'euenements
Qui blessent les pauures Amants,
Souuent je ne souffrois que l'on me creust coupable,
Confesse que de tous les Dieux
Tu serois le plus odieux.

L'Amour.

Il est vray : mais aussi, souuent, pour ton excuse
Ie me laisse imputer la liberalité
Dont ton aueuglement abuse
Pour enrichir des gens qui n'ont rien merité.

E

Tutt' e due. Dunque s'à comun prò
Nel meſtiere dell' vn l'altro s'intrica
Seguiam l'vſanza antica
Che nel farne diſcordi oh quanto oprò.
Così più dolce è ogn' hor
La bramata mercede
Così Coſtanza, è Fede
Miete glorie più belle al ſuo valor.

Ma toſto vn Dì verrà
Che per COPPIA REAL germe d'Eroi,
L'vn' è l'altro di Noi
Tributario di gioie al par farà.
E di Marte il furor
Reſpinto al ſtigio fondo
Cinto d'oliui il mondo
Vedranſi in PACE anchor Fortuna, è Amor.

FINE.

Tous deux ensemble.

Donc puisque sans causer ny souffrir de domage,
L'vn de nous peut de l'autre vsurper le partage,
  Conseruons toujours si tu veux
  Ce vieil & fauorable vsage
Qui donne à nos discords vn succés bien-heureux.
On en souffre, on s'en plaint ; mais apres la souffrance
  On trouue dans la recompence
  Des plaisirs plus delicieux,
  Et des Lauriers plus glorieux.

Mais nous sommes bien pres de ce jour fortuné,
  Où pour vn couple couronné,
  Tous deux auec mesme largesse,
Payerons vn tribut de gloire & d'allegresse,
  Et ce sera dans ce beau jour
Que chassant aux Enfers les fureurs de la Guerre,
Vne profonde Paix enrichira la terre,
Et remettra d'accord la Fortune & l'Amour.

FIN.

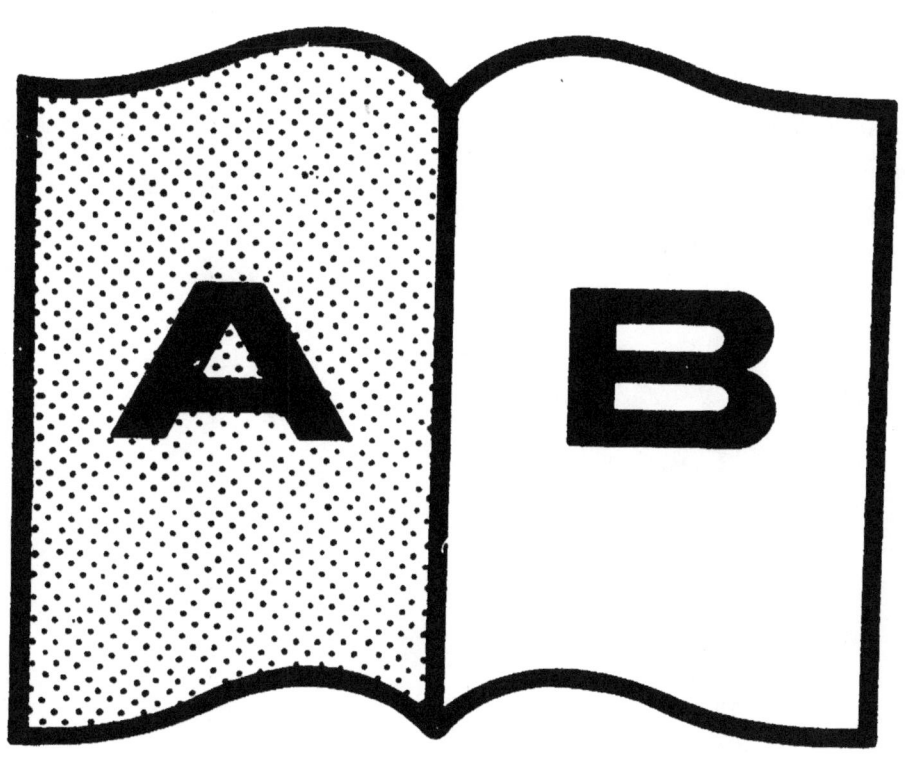

Contraste insuffisant
NF Z 43-120-14

www.ingramcontent.com/pod-product-compliance
Lightning Source LLC
Chambersburg PA
CBHW070532050426
42451CB00013B/2971